흘려보낸 그 하나

흘려보낸 그 하나

배정희 지음

규장

머리말

늘 다듬고 적으면서

세월과 함께 모두 지나가고 떠나가니,
내가 붙잡고 살아야 할 것은
마치 그 하나밖에 없는 것처럼,
마음속에 남아 있는 것들을 매만지고
가슴속에서 떨쳐버릴 수 없는 사실과
새롭게 느끼는 회포를 다듬어 적었다.

어언 세월이 흘러
벌써 열두 번째 시집을 출간하게 되었다.
감회가 깊어 가슴으로 감동이 차오른다.
앞으로 남은 시간에도
나의 온 마음과 있는 힘을 다해
삶의 가지가지를 글로 남길 것이다.

건강하게 시를 쓰며
보람되게 살아갈 수 있음에
하나님께 감사드리며,
은혜 베푸시고 지혜 주심에
마음 깊이 더욱 감사를 드린다.

시집을 발행하기까지
편집 교정으로 많이 애써주신
규장의 모든 직원에게도 감사를 드린다.

2010년 9월
배정희

차례

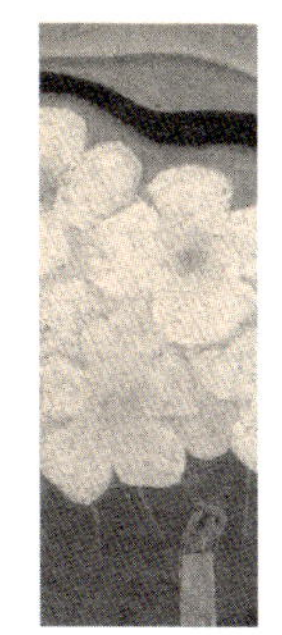

2부

생각을 접고

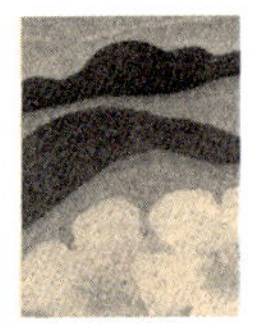

3부

살펴주셨음에

4부

어려운 모습들

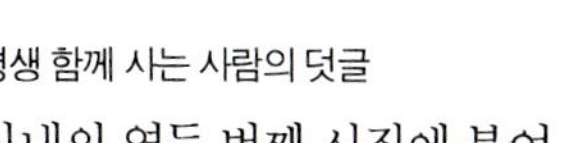

평생 함께 사는 사람의 덧글

아내의 열두 번째 시집에 붙여

1부

지금도 그 자리에서

머리카락이
해끗거리는 그들이
한자리에 모여서
간절한 마음을 가지고
해야 할 일들을 하고 있으려니
생각나게 한다

지금도 그 자리에서

머리카락이
해끗거리는 그들이
한자리에 모여서
지나온 습관대로
간절한 마음을 가지고
해야 할 일들을 하고 있으려니
생각나게 한다

아무도 할 수 없는 그 일을
혼자서 일으켜 세워본 간절함에
아름다운 모임은 이루어지고

사랑을 나누고 부르짖는
그 간절함은
하늘로 향하였으니

아쉬움에 서러움에 못 잊어 떠났지만
그들 모습을 생각하며
끊임없이 이어지는

사랑의 모습에
감사를 드려보면서

복의 근원이 되라고
부탁을 드리고
이 사실이
다음 세대로
이어져가라고

개나리꽃 길

한결같은 고운 모습이라
바라보아도 흔들림 없이
끼리끼리 아름다움을
표현하고 있다

매서운 바람결에도
견디어낸 사실에
생각들을 거듭하면서

활짝 피어난 곱디고운 모습은
화려한 그대로이다
양쪽 줄지어 환하게
웃고 서 있는 모습에서

많은 생각이 얽히면서 떠오르니
어려움을 이겨낸 인내를 살피면서
결과에 가서는
화려하고 아름다운 모습으로
보여주는 그 사실에

새로운 감동은 줄지어 일어나서
많은 것을 깨닫게 하고 있으니
바라보면서 가슴에 안기는
생각들을 정리하면서
걷고 있었다

혼자서

모두
어디에서 무엇을 하는지
알 수도 없지만

세월이 지나서인지
더 알고 싶지도 않으니

주어진 여건에서
그 약속을 위하여
성실히 지키고

이것저것
잡을 것이 없어도
그 하나에 집착하는 것이
보람인 것 같아

관련된 문들을 닫고
원하는 고리만 잡아
찾고 구하고 있네

오늘도
걷고 있는 것인가
혼자서 주어진
할 일만 하고서
다듬고 있는 것인가

꽃길을 걸으면서

화려한 꽃들이
활짝 피었다가 때가 되니
바람결에 떨어지는 모습의
한가운데 서서

아름다운 풍경이지만
서글퍼지는 마음 걷잡을 수 없어
빙빙 돌아 위로를 찾아보았으니

할 일을 다하고
말없이 사그라지는
우리들의 모습과 다름이 없다는
생각에 사로잡혀 빠져도 보면서

용기도 주고
실망도 느끼고
살아가는 삶과 다름이 없음을
새삼 깨닫게 한다

건강한 모습으로
갖가지 생각에 사로잡혀
즐기면서 서글퍼도 할 수 있는
여건에 살아간다는 것도
우리의 모습이 아닌가 하면서

꽃잎이 떨어져서
하얗게 되어 있는
길을 혼자서 걷고 있었다

때가 되면 생각나는 것들

살면서
고통스럽고 괴로운 것은
가슴에 묻어 두고
잊어버린 양 모두는 살아가고

잊기 위하여
수단과 방법을 동원하지만
씨앗이 솟아날듯
생각이 떠오른다

시간이 흘러가고
물 위에 떠내려 보냈지만
해처럼 올라와서
괴롭히는 것이
우리의 삶이었는지

가장 보람된 일이라
뭔가를 생각하며
첫 단추를 끼려고 할 때

처절한 슬픔은 도사리고 있었으니

그것으로 하여
참고 인내를 거듭하며
아무렇지도 않은 양 지냈지만

살다가
때가 되면
한 번씩 소리를 내어
외치고 있다

어떻게 다독거리며
위로해줄 것인가
생각을 거듭하면서

흐르는 강가로 찾아 나가
함께 바라보면서 걷고 있다
물과 함께 그곳에다가
쏟아 흘려보내고 있다

열매들

원하던 삶은
옆으로 밀쳐두고

눈앞에 다가선
새싹들에게
살이 되고 피가 되기 위하여
스스로를 잊어버렸던가

흐름과 함께
새롭게 자란 그들은
꽃도 피우고 열매를 맺어
보기에도 건실하니
모두 부러워하네

받은 선물들은
사랑이 되어 자리를 잡고
주어진 여건에 따라서

독특한 모습으로

영글어 가고 있네
이런 것이
하늘의 상급인가

풀 속에 핀 꽃

잡풀들은
바람에 하늘거리는데
이름 모를 작은 풀꽃 한 송이
노랗게 환하게 피어
반기고 있다

발걸음을 멈추고
만지며 살피며
안아본다

너무나도
향기를 풍기며
맞이하여 즐거워한다

환하고
생생하고
밝게 하늘거리면서

받은 대로

사랑을 표현하고
새로운 생각을 던져주고 있다

주어진 여건에서
할 일을 다하고
사랑을 나누며

어지러웠던 환경에서도
주어진 기력을 다하여
아름다움을 갖추고
그 보람을
아름다운 모습으로
나누고 있네

맑게 환하게
웃으며 하늘거리고 있는
한 송이 풀꽃을
즐거워 편안히 바라보고 있음이여

산속에서 찬송을

하늘에서
들으시라고
소리를 높여
지극한 마음을 담아
올려보내고 있었다

아랑곳없이
두 분이 듣고 계신다는 생각 속에
즐겨 부르신 찬송에
힘을 내고 있었다

주위에서
뭐라고 할지라도
아랑곳없이

하늘거리는
나뭇잎과 풀들과 함께
살아생전의 모습을 생각하며
찬양을 드리고 있었다

그리운 모습이 떠올라서
좋아하시던
찬송만을 골라 불렀으니

하늘에 계신 곳에서
즐거워 듣고 계시는 듯한 생각에
더 큰 소리를 내었어라

풀도 풀꽃도
함께 흔들거려
외로움을 잊어버린 듯
환히 웃고 계시는 듯하였으니

행복하다는 것

화려하고 편하니
기쁘고 즐겁게
살아가는 것이 행복이었는가

살다 보니
보는 것도 생각하는 것도
모두 달라지고 있었으니

원하던 것이 이루어지어
자리를 든든히 잡고
누리는 것이라
생각도 하였는데

모두 평범한 것이려니
돌이켜 정리를 하고서
바라보는 삶은
너무나 거리가 멀었어라

어느 곳 어디에서

무엇을 하고 살아갈지라도
평강하게 살아가고 있음이
이 세상에서
가장 행복임을
새삼 깨닫게 한다

그들 모이는 곳에서 바라보니
모두 바뀌고 있었다

숲 속에서

사방에서 들려오는
새소리 까치 소리가
찬양 소리인 듯한
착각 속에 듣고만 있었어라

맑고 아름다운 풍경 가운데
자리를 잡고 앉아서
하늘을 향하여 찬양하였어라
그들도 함께 소리를 내었으니

하늘의 음성은
귀로 가슴으로 스며들어
새롭게 거듭나게 하고

오랜만에
느껴보는 새로운 환경이
감동이었어라

그 말씀을 가슴에 새기며

품어 안고 새롭게 발돋움하며
노래하는 까치 소리에도
은혜로 접어들고

함께 모여
찬양하는 모습은
은혜롭고 감동이었어라

꿈나무 열매

그 나무에 물을 주고 있다
잘 자라서 꽃도 피우고
열매도 맺어 나누어주자던
약속을 기억하고 있는지

마음속에
다짐한 그 소망을 위하여
괴롭든 외롭든 살아온 것이 아닌가

그 나무를 바라보며
인내를 거듭하면서
오늘에 이른 것 같다

그래서
늘 찾으며
바라보며
살펴주었는지

원하는 열매들이

주렁주렁 달려서
소원을 이루게 한
그 사실에

즐거워하면서
인내하며
찾아낸
열매들을 안고
감사하고 있는가

어루만져주니
기뻐하고 즐거워하네
알찬 열매들은
향기를 풍기는가

그들과 함께

기다리고 있는
그들을 찾아 나선다
하늘하늘 일렁거리고
사랑스런 향기를 풍기고 있다

맑고 싱싱한 그대로이다
반갑다고 인사를 하는 듯
흔들고 있다

새 친구를 만난 듯
기쁘고 즐거워서
손으로 쓰다듬고
지나고 있었으니

말 없는 말이
가슴으로 들려오는 듯
생기로워 바라보며
듣고 있었어라

세상에서
들어볼 수 없는 말들이
영혼에 담겨지고 있었다

깨끗하고
싱싱하고
정직한 소리들이
바람 소리에 맞추어
하늘하늘 노래하고 있다

하늘의 정원에서
그 사랑을 노래하고 있는 듯
즐기고 있었어라

만남의 즐거움

살다 보니
오래된 것은
모두 떠나고 잊어버리고

때가 되어
바람이 불어오는 것처럼
시간 따라 새로운 만남이
이루어짐은 기쁨이었네

그들을 만나기 위하여
늘 일어서고
말이 없어서 좋았어라

생각하고 느끼고 있는 것을
주거니 받거니 속삭이고 있으니
얼마나 많은 것들이
이야기가 되고 있는지

마음속에 남아 있을

외로움일랑 훌훌 털어버리고
새로운 이야기에 열을 내고

모두 즐거워
생기롭게 향기로이
가슴에 안기고 있는가

네잎클로버 꽃

오솔길을 지나다 보면
온갖 풀잎들이 하늘거리며
반기고 있다
그냥 지나칠 수 없어
손으로 쓰다듬어 반기고 있다

싱싱하고 아름다운 모습이다
새로운 사람들을 반겨주고 있다
피곤한 줄도 모르고
향기에 취하여 어루만지면서
지나고 있다
그 사이사이에
클로버 꽃이 피고 잎들이 파란 모습으로
자리를 잡고 웃고 있었다

멈추어 앉아서 네잎클로버를 찾고 있다
여학교 다닐 적 친구들과 함께
언덕에 피어 있는 클로버 꽃을 찾아
시간 가는 줄도 모르고

행운이 온다고
네잎클로버를 찾던
생각이 떠오른다

그 친구들은 모두 어디에서
살고 있는지
행복하게 살고 있을까 생각하면서
열심히 찾고 있었으니
지금도 그 마음 그대로이다

그 바람 속에 생각들을 흔들어
기억나게 한다
행운을 안겨주는
네잎클로버여

아름다운 손길

무심코 지나고 있었다
바람에 흔들리는 풀잎을 보면서
사랑을 받은 이슬을 만지면서
맑고 깨끗한 길이었다

길옆에는
아름다운 손이
풀꽃들을 다듬고 있었다

이름 모르는 꽃들을 심고
보기 좋게 정리를 하면서
물까지 부어주고 있었다

그 분들의
마음은 아름답고
손은 부지런하였다

지나는 모든 사람에게
꽃의 사랑을 전하면서

안겨주고 있었다

마치 자기 집 정원처럼
가꾸고 정리하고 있으니
얼마나
아름다운 마음이랴

그들을 보면서
축복을 베풀어주십사고
간절한 마음으로
기도를 드렸으니

세상에는
선하고 아름다운 마음을 가진
사람도 많구나 생각하면서
걷고 있었다

받으면서 주면서

시골에서 가꾼
여러 가지 나물을
풍성히 가져와서
이웃들에게 나누고 있다

깻잎, 고추, 호박, 부추 등등
푸짐하게 받았다
풍성하여 너무나 즐거웠다

나눌 수 있다는 것이
얼마나 행복인지를
살아가면서 깨닫게 한다

받은 것이 많기에
그냥 있을 수 없어
가지고 있는 것으로 나누고 있었다
받는 사람이 행복하라고

우리 모두는

주거니 받거니 하면서
살아가는 것이 얼마나 즐거운지

이것은
직접 손수 해본 사람만이
느낄 수 있고 알 수 있으니

오늘도
많이 받았으니
가지고 있는 것으로
줄 수 있었으니
얼마나 큰 기쁨인가
생각만 하면 즐거워진다

여름 지나기

매미 노래를 들으면서
무더움을 잊어버리고
무슨 소리인가를 듣고 들어도
알 수가 없다

나무에 매달려
이쪽저쪽 번갈아 가면서
소리 내어 노래하고 있다

뭔가를 말하고 있는 듯한
느낌에 시끄러움도 잊어버리고
들으면서 일하면서 생각하고 있다

모두들 밖으로 피서를 가지만
집 안에서 그 노래를 들으면서
보고 싶은 책을 읽으면서
여름을 지나고 있다

평범하면서

편안한 여름휴가인 듯하여
스스로 즐기고 있다
매미 소리를 들으면서

지나가 버린 일

살아온 삶을 돌이켜보면서
지나온 사실들을 그려놓고

하나의 바구니를 만들어
이것저것 넣어
진실된 모양을 갖추고
들고 서서

아뢰옵는 음성은
지난날과 다름없었으니

괴롭던
그 아쉬움도
그대로 남아 있으니

그때를 생각하며
감동을 줄 수 있게끔
최선을 다하였던가

너무나 좋았다고
칭찬도 다가섰더라

모두 지나갔지만
그 활달한 마음은
변함이 없었으니

감사의 향기

선물을 받았어도
꿈나무는 자라고 있는데
잠시 기다리라 해놓고

정성으로 기도로
길을 만들고
편안히 걸어보라고
손을 잡아주는데
여념이 없었어라

시간의 흐름과 함께
나무는 자라서
자리를 만들고
그늘도 만들어
편히 쉬게 할 수 있었으니

항시
바라보면서
감사의 기도를 드리면서

축복의 통로가 되기를
바라고 있으니

이런 사실을 알고
향기론 감사의 선물은
온 집안을 향기롭게
풍기고 있음이여
은혜도 받고 있음이여

일기

사방을 돌아보아도
조용하기만 하다

해야 할 것들을 찾으면서
뒤적거려 보아도
생각이 떠오르지 아니하여
잠잠히 앉아 있다

아무도 없을 땐
새로운 것을 찾아내어
그대로 그려본다

즐기는 일이기에
정성을 쏟아본다
혼자 있는 생각을
그려놓고

남아 있을 일이기에
최선을 다하니

언제나
동행함이
새로운 기쁨을
찾게 한다

벌레들의 합창

풀잎에 숨어서
살아 있음을 노래하고

연습도 아니하였는데
합창으로 들려오는
맑은 소리는
화음으로 연결된 아름다움이었다

지나가는 사람들에게
평안의 마음을 가지라고
들려주는 듯하였으니

풀들을 흔들어보아도
어디에 숨어 있는지
알 수가 없지만
곱고 청아한 소리는
그칠 줄 모르게 들려온다

세상에 널려 있는

노랫소리 같아
멈추면서
들으면서 지나고 있다

벌레들도
한마음이 되니
새로운 은혜가 넘쳐난다

사진

오랜만의 일이다
숲 속에서 이런 모습 저런 모습으로
사진을 찍었다

그 결과의 모습은
너무나 한심스러워
놀라기도 하였으니

늘 젊다는 생각만 하고
살아가고 있었는데
우스운 일이었다

젊었을 때를 생각하며
이루지 못한 꿈을 생각하고
아쉬워하며 외로워하며
그 생각 속에 휩싸여 살고 있었으니

사진으로 본 모습에
놀라고 말았으니

이제는 자숙을 하여
생각도 생활도 바꿔야 한다고
스스로를 타이르고

그 표정 속에는
못 이루어낸 아쉬움으로 하여
그리움으로 가득 차 있었어도
아무도 모르리라

늙음은
얼굴에 가득 채워지고
웃음으로 그려져 있어라

선교사

다듬어온 그 하나의 일을
접고 접어 가슴깊이 묻어 두고
하늘의 음성을 좇아
일어서 걷고 있었다

두리벙 두리벙 바라보면서
캄캄하고 어두운 환경에서
살아야 한다는 사실에 의지하고
일어서고 돌보고 있었으니
얼마나 힘들고
눈물겨운 일이었는지
그래도 참아야 했어라

십자가도 모르는 그곳은
작은 규모이지만
살아서 그 사실을 심고 전달해야 하는
의지는 변함이 없는 사명이 되고
어떻게 생각을 하든
그 사랑의 은혜를

알게 모르게 나누며
고개 숙이고 있었어라

주어진 여건에서
하나하나의 행동을 통하여
알게 하려고 얼마나 고역이었는지

그분은 알고 계시어
때가 되니 스스로를
돌이키고 있었으니
그저 견디며 참으며
사랑을 베푸는 것밖엔 없었어라

세월과 함께
흘러감으로 말미암아
변하고 변하여
사랑을 꽃 피우고
열매도 영글고 있으니
보람된 그림이었어라

열매를 바라보며

최선을 다하여
가꾸어온 열매들은
곱게 아름답게 영글어
활짝 웃음으로 넘치고

주어진
사명이기에
물리칠 수 없어
있는 힘을 다하여
사랑하였으니

받은 사명대로
기쁘고 즐겁게
최선을 다한 삶은
빛으로 영글고
넘쳐나 나누고 있음이여

받은 대로
나누며 즐거워

감싸 안고 있음이여

영글어가는
그 속엔 사랑이 넘쳐나서
돌아보며 나누고 있음이여

빛으로
사랑으로
돌보는 은혜가 넘치고

이루지 못한 아쉬움은
바람처럼 사라지고
보람된 기쁨만 넘치고 있는데

그들 모두는
말씀 암송으로 찬양으로
기쁨을 나누고 있음이여

나누어 주고서

살면서
가꾸어온 꽃들을
혼자 가지기에
너무 벅차서

한 송이 한 송이를
그들에게
선물하였으니

모두 기뻐하며
서로들 가지려고
좌왕우왕하였어라

모두 즐거워
기뻐하며 웃음꽃이 피면서
더 손을 내밀고 있었어라

바라보는 순간
보람되고 기뻐

가슴은 벅차 있었는데

그냥
말도 잊은 채
바라만 보고 있었으니

여유가 없어서일까
인사의 법을 몰라서일까
그들의 강팍한 마음을 읽으면서
외로움이 차고 있었어라

그런 것이
우리 모두가 살아가는
모습이려니 생각을 접고
훌훌 떠나버렸으니

2부

생각을 접고

살아가다 보면
잊어버리는 것과
잊혀지지 않는 것들이 있다
그런 생각 속에
사로잡혀 헤어날 수도 없이
외로워하고 후회하며
혼자서 아파하고 있다

생각을 접고

살아가다 보면
잊어버리는 것과
잊혀지지 않는 것들이 있다

그런 생각 속에
사로잡혀 헤어날 수도 없이
외로워하고 후회하며
혼자서 아파하고 있다

이젠 접어야 할 때가 되었는데도
가끔 왜 그러했는지를 후회하며
생각에 사로잡혀
말을 잃어버리고 있다

그런 행위가 좋지 않다는 것을
스스로 자인하면서도
한참 그 속에서
헤어나지 못하다가

잠시 깨닫고
그 말씀의 은혜를 찾아
위로를 받고 일어서는 모습에서
기쁨을 되찾고
아픈 생각을 접고
일어서고 있으니

동행

억지로 얽매여서
살아가는 것이 아니란 것을
스스로 깨닫게 되었다

생각할 수도 없는
은혜의 역사가 이루어진 것이라
이제 와서 느껴지곤 한다

처음 보는 환경
처음 보는 느낌
그런 것이 우리들의 삶이었으니
왜 그런 곳에 발을 맞추었는지
알 수가 없었어라

사람들이 살아가는
최고의 아픔
최고의 슬픔
어떻게 달랠 길이 없었더라도
그러한데도 이어져 왔으니

우리들이 상상할 수 없는
말씀의 섭리에 따라
이래도 저래도 견디며
지탱해왔거늘

어떠한 역행의 고역에서도
동행하는 손을 잡고 있었기에
흔들림 없이
걷고 있었겠지

그림자가 없어도
든든함에
즐거워하며
함께 걷고 있다
그분과 함께

나무 그늘에서

걸어가다가
기대어보려고
찾아낸 나무 기둥에
상처를 입혀 쓰러뜨린
그 광경은 잊을 수가 없구나

지금쯤 그 아픔은 아물고
건장한 나무로 자라서
그늘을 만들고 우뚝 서 있는
모습에 감격이 다가서고 있다

뭐라 말할 수도 없었지만
얼마나 놀랐으면서
괴로워했는지
그래도
당당히 일어서서
해야 할 것을 감당하고
보람이 있는 모습엔
감격이었으니

상처를 입힌
바람 돌은 지금은 흙이 되었을까
가슴에 떠오르고 있다

괴롭 속에서
외로워하다가
먼 길 여행을 떠났겠지
생각해본다

드나들던 집

삶의 정착과 함께
드나들던 집들이
바뀌고 있다

허술하든
어떤 형편이든 간에
찾아다니던 집들이
새삼 떠오르고 있다

그곳에는
하늘의 사랑이 기다리고 있기에
어떤 여건이든 찾으면서
드나들고 있었다

지나오면서
버릴 것도 많았지만
그 집을 찾는 것은
잊어본 적이 없었으니

형편에 맞추어서
가까운 곳으로 찾아가서
그분을 만나
늘 소망의 그늘에서 살아왔으니

세상살이가
어떻게 바뀌어갈지라도
그 집 찾아다니는 데는
변함없으려니

정이 쌓였던
그 집을 밀쳐두고
새집을 찾아 들었으니

돌아보니 서운한 마음도 들지만
그분만 바라보고 찾은 집이니
모두 정리를 해야지
마음이 안정된 집이 되어야지
달래어본다

남은 일들

때가 되니
손을 놓고
떠나고 있다

모두 그들과 다름이 없어
바라보니
물러서고 있다

그것은 우리들이
엮어가는 원칙들이기에
따라가고 있는가

누군가가
뭐라 하든
찾아야 하는
일이 있으니

살아온 것만큼
정성을 쏟아

다듬고 가꾸어서
향기가 선물이 되어
풍기고 싶어서이니

오늘도 다듬고 있네
남기면서 전달하고픈
그 한 가지를 위하여

나름대로 하고 있다

때가 오든 아니든 간에
그 시간이 되면
알아본 대로 깨닫게 된 대로
스스로 지탱하고 있다

순서대로
질서 있게 하는 것이
몸에 배어 있어
아무런 불안이 없었으니

이것이
살아가는 방법이고
기준인지 모른다

누군가 뭐라 말하든
여건 속에서 순종하면서
지키고 있다

그러기에

어디에서 무엇을 하든 간에
동요됨이 없이
스스로 꿋꿋이 이행하고 있기에
아무런 부끄러움이 없는 것 같다

그 어떤 여건에서
바람이 불어올지라도
요동하지 않고 그 안에서
나름대로 지키며
은혜를 받고 있을 것이다

상처가 달려올까봐
두려워서 멀리 서서
바라볼 것이다

낙엽을 밟으면서

떨어진 잎은
길을 덮고 있다

그곳을 밟으며 걸으니
아삭아삭 소리를 들으면서
할 일을 다하고
미련 없이 떨어져
흩어져 있는 모습을 보면서

언젠가는 할 일을 다하고
소문도 없이 떨어져 버린
그 일과 다름이 없었으니
이 세상에서 할 일을 다하고
마무리하는 모습이
예사롭지 않으니

많은 것을 기억나게 하고
돌이켜보는 생각 속에
살아온 삶의 이것저것을

정리해야지

언젠가는 낙엽처럼 떨어져 버릴
그때를 위하여
생각하며 걷고 있네

감사를 드립니다

흰 머리카락이
자리를 잡아 엉성할 때까지
사랑해주시고 지켜주심을
감사를 드립니다

살아가는 데
자리를 잡고
일할 수 있는 여건을 허락하시며
나눌 수 있음에
감사를 드립니다

선물로 주신 그들을 지키사
나름대로 번영할 수 있는
은혜 주심에
감사를 드립니다

복 받은
자리를 마련하여
그 사랑이 후손에까지

이르게 하심에
감사를 드립니다

받은 여건에 따라서
성실히 살아
많은 열매들이 영글어
영광을 돌려 드림에
감사를 드립니다

모두 한자리에서
손을 잡고 한마음으로
찬양을 드림에
더욱 감사를 드립니다

남아 있는 사실에

시간이 흘러감에 따라
때가 되니 이것저것
아쉬움 없이
모두 떠나고 있다

살아가는 원칙이려니
생각하면서
말없이 놓아주고 있다

그래서
원하는 삶을 위하여
열심히 최선을 다하고
즐거워하고

우리들이 살아가는
한 모습이려니
모두 잘되어지기를
기원할 뿐이었으니

원칙에 따라서
원하는 삶을 위하여
찾아서 떠나가지만

그 한 가지만은
떠나지 않고
가슴속에 머릿속에 남아
이리저리 돌고 있다

힘이 없는
허전한 마음을 부여잡고
산으로 들로 강으로
하늘로 찾아들어
속삭이고 있다

생각나는 대로
주거니 받거니 이야기 소리에
기울이면서 해답을 주고
그저 즐거워하고 있는가

창고 문을 열어놓고

무엇인지 모르지만
가득 차 넘치며
쌓여져 있다

때가 되어
문을 열어놓고
필요 없는 것들을
찾아서 끌어내어 버렸으니
그동안
힘이 들어서
그냥 두었는지 모른다

정리를 해야 할 것 같아
들어내고 있다
많은 내용을 가지고 있는 듯
버리고 버려서
홀가분한 마음속에서
평안을 가지고 싶어서이니

그리고 모두 잊어버려야지
꼭 필요한
새로운 것을 채워야지

벗은 나무를 바라보며

바람이 달려와서
흔들고 있으니
몹시 추워보였다

그 옆에서 바라보며
언젠가는 우리의 모습을 보는 듯
서글퍼지는 마음에
외로워하였으니

풍성하고 넘치고
아름다움이 있을 때
사랑을 나누는 보람을
가져야 됨을 새삼 느끼게 한다

헐벗은 상태에서
떨고 외로워하지 말고
다가올 다음을 위하여
준비하는 과정이라 여기며

견디면서
이겨나가는
아름다움을 보여주기를 바람이니

우리의 삶과 다를 바 없음을
새삼 느끼고 있음이여

또 다른 생각들

하나의 장막을 이루어
수많은 사람들에게 사랑을 나누는
광경을 보면서 많은 것을 느끼게 한다

의지와 결단력이 있었다
참고 견디는 인내력이 있었다
작은 것은 보지 않고 넓고 큰 것을
보고 있었으니

끊임없는 노력 가운데
꿈은 이루어져서
기쁨을 나누고 있었다

너무나 부러운 모습이었어라
접어서 가슴에 묻어버린 한 모습엔
피 흘리는 상처만이 있었으니

지혜가 없어서가 아니라
선별을 잘못하여

이겨내지 못해서일 것이다

그 꿈을 생각하면서
그림을 그려본다
아쉬움으로 가득 차 있지만

그와 다름없는 삶을
꾸려가고 있을 것이다

지금 와서
생각해보니
그리움만 가슴으로
가득 채우고

발랄한 모습을
그려보니
외로움이 엄습해오는 듯하다

흐름과 함께

아침 해를 바라본다
이것저것 하다 보면
어느덧 서산으로 기울고
이런 가운데
분주히 지나고 있으니

무엇을 하는지
뚜렷한 목표도 없이
손 닿는 것을 만지며
흘려보내고 있는가

한참 지나다
뒤돌아보면
잘했다는 생각에 즐기고
아쉽다는 생각엔 후회스러움이
마음을 감싸고 있네

모두
각자 갈 길을 떠나보내고

혼자서 못다 한 일들을
찾으며 살피고 있는가

생각했던 바람을
이루어보리라는
간절한 마음에 쏟아보고

다짐한 것은
꼭 아름다운 결과를 가져와서
기쁨을 나누어보리라는
기원을 하고 있다

편지

오늘에 이르기까지
그 편지를 읽으면서
살아왔음을 말하고 싶다

그 사실을 몰랐다면
어떻게 되었을까
온갖 생각들이 떠오르곤 한다

늘 용기를 주고
사랑으로 감싸 안아주고
역경에서 승리하는 은혜를 받고
그러했기에
오늘까지 이른 것 같으니

하루도 빠짐없이
그 편지를 열심히 읽어
새로운 은혜를 받으며
소망 가운데서

기쁨으로
감사로 살고
모든 것 가르쳐주신 대로
순종하며 따르고 있으니

매일 아뢰옵는
이야기 내용도
그곳에서 찾아내어
그대로 하고

주위에 아무도 없어도
외로움도 잊은 채
잘살고 있음이여

그날까지
그 편지를 읽으며
혼자서만 들을 수 있는
소리를 들으면서
지낼 것이리니

간절한 마음을 드립니다

마지막 끝자락에서
마음속에 담아 왔던
이런저런 감사의 말씀을 드립니다

이 나라를 지키시고
발전하게 하심에 감사를 드립니다

그 말씀을 마음대로 들을 수 있고
찾아다니며 새로운 은혜를
받을 수 있음에 감사를 드립니다

그 말씀에 순종하여
그 법칙을 지키면서
각자 할 일을 할 수 있음에
감사를 드립니다

작은 분야에서도 은총을 베푸시고
번영하여 몰랐던 사실을 찾아
알릴 수 있음에 감사를 드립니다

방방곡곡을 다니면서
그 위에 굳건히 서는 사실을
전할 수 있음에 더욱 감사를 드리옵고

기업으로 주신 그들 가정마다
삶으로 영광을 돌릴 수 있음에
감사를 드리오며

늘 바라보면서
하늘에 아뢰옵고 부탁드리는 사실에
응답도 하시고
강건함도 허락하사
주어진 모든 일을 할 수 있음에
감사를 드리오며

말씀과 함께 순종하며
동행하는 삶으로 인도하심에
감사를 드리옵니다

새해에

보호하심 가운데
새날을 맞이하게 하심을
감사 드립니다

늘 함께하시는 삶이 되어
인도하심에 따라
이어가는 모습이 되어
원하시는 사실에 좇아
많은 열매들을 맺어 드리옵고

아름다움이 이어지게 하시어
바라옵는 그 사실에
결실이 맺어져서

이 나라와 가정에
기쁨과 감사가 넘치게 하옵소서

늘 강건하여
주어진 모든 것이

은혜롭게 번영하여
사랑을 나누는 즐거움에
기쁨이 넘치게 하옵소서

변화하는 모습들

이 세상은
늘 달라지고 변화하면서
흘러가고 있음을 느끼며
접하고 있는 것을 알 것 같다

그래서일까
사람들의 마음도 변하고
보다 더 나은 것 알맞은 곳을
찾으면서 가고 있는 듯하다

보다 더 은혜로운 것을 찾아
가는 것이 삶의 원칙인 것 같아
새로운 곳을 찾으며
옮겨가는지 모른다

자유로이 다니고 싶다
어긋남이 없는 곳이면
찾으면서 가고 싶어진다

모두 생소하지만
웃으며 반기고 있다
그 사랑에 힘입어 환영하고 있다

아무런 미련도 없이
보다 은혜로운 곳으로
달려가고 있다
마음이 재촉하고 있다

복잡한 사람들

환경이 다르고
자라온 모습이 달라서
별별 사람들이 많다

그러므로
접하다 보면
엄청난 상처를 받기도 하고
생각지도 못한 손해를 보기도 한다

그럴지라도
함께 즐기며 살아가는 것이
우리들의 삶인지 모른다
때로는 멀리 모르는 곳에서
지내고 싶지만

어쩔 수 없는 여건에서
만나고 새롭게 사랑을 나누는
우리의 모습이다

생각나는 가슴 아픈 사연일랑
강물에 흘려보내고
처음 만나는 사람처럼
사랑으로 주거니 받거니
하는 것이
우리들의 살아가는 모습이려나

삶의 모습

혼자서 살 수 없기에
여러 가지와 얽혀 지내고 있다

그러하기에
생각지도 못한 일들이
연결고리에 복잡하게
얽히고설켜 어려워하고 있다

그런 가운데서도
해결의 줄을 잡고
풀어나가는 질서도 잡고
너무나 어려워서
해결이 되지 아니하여
돌아서 버릴 때도 있지만

때때로 해결의 실마리를 찾아
즐기며 바라보기도 하니
모두가 살아가는
삶의 모습인가 싶다

항상 사랑의 음성에 어쩔 수 없어
새로운 마음을 돌이켜
되돌려보는 마음에
웃음의 꽃을 활짝 피워
향기를 맡고 있다

찾으며 살아가는 은혜

우리 모두는
한곳에 머물지 않고
보다 새로운 곳을 찾으며
살아가는 것 같다

새로운 도전과 발전을 위하여
찾고 찾아 발을 옮기는 것 같으니

평안한 환경 속에서
소망의 아름다움을 위하여
더듬거리며 찾고 있는지 모른다

혼자서 느낀 것이
하나를 이루어
함께 동행하게 되었으니
뭐라 말을 할 수도 없었으니

주어진 여건에서
보다 더한 아름다움을 찾아

열심을 다하여 섬기리라
다짐해본다

새로운 아름다운 집을
마련한 듯한 기분이었으니
함께 이삿짐을 옮겨 놓고

평안한 마음 가운데서
감사의 기도와
찬양을 드리옵네
은혜로움이 퍼져 나가네

새로운 축복

살아가다 보면
어려움도 기쁨도
얽혀 있다는 사실에
공감하면서
우리는 살아가고 있다

그 모든 것을 위하여
하루도 빠짐없이
시간이 되면
아뢰옵는 사실은
변함이 없었음이니

그 결과
해결의 실마리를 주시고
사랑을 베풀어주심에
감사를 아뢰옵고
즐거워 손을 잡았어라

새로운 은혜와 복을 주심에

감사를 엮어 외쳐보는 마음엔
뭐라 표현할 수 없는 사실들이
얽히고 얽히어서
감격한 기쁨은
뭐라 표현할 수 없어
진한 눈물만 닦고 있었으니

맡은 모든 것
최선을 다하여
외칠지어다
하늘의 축복은 쌓여서
서로 나눌 것임이니

연습의 연속

사람들이 살아가는 삶은
항상 변하고 있음을 본다

처음에는 멋도 모르고
혼자서 둘이서 살다가
시간의 흐름과 함께
여럿이 함께 살다가

때가 되면 떠나가고
나누어 나름대로
바쁘게 살다가

때가 되면
또 나누어 흐트러지는 것이
우리들의 삶이다

때가 차면
또 나누어져서
혼자서 살아가야 하는

사실은 정한 이치인 것 같다

시간의 흐름과 함께
사명을 위하여
나누어 생활하다 보니
어쩐지 이상한 마음이 든다

언젠가 나누어질 사실을
연습을 하는 듯
안방에 누워 있는 듯한 느낌에
들여다 보게 된다

그분을 위한
사역의 사실에 대하여
기도를 드리고
나누어진다는 사실이
가슴을 메우고 있다

잊을 수 없는 사실

모두 떠나가고
어딘가를 찾아서
다 가고 없어도
외로움도 잊은 채
살아가고 있다

평생 그 손을 잡고
어느 곳 어디를 갈지라도
함께 가고 있으니

그분의 음성이 있는 장소에서
새로운 그들을 만나
주거니 받거니 하고 있다
모두 낯설은 그들이다
그 사랑 때문에 반가워하고

새로운 장소에서
그 음성을 들으면서
가슴에 품고 온 사실을

털어놓고 아뢰옵는
마음은 간절하였어라

함께 동참하여
쌓아온 마음의 소리를
높이높이 아뢰옵는
마음은 간절하였어라

손을 잡은 사실에
그 사랑은 넘치고 넘쳐서
은혜를 받고 있었으니
그 응답에 안기고 있었어라

다른 생각에 잠겨서

이것저것 많은 책을 읽고서
어떤 일을 해보리라 하는
신념에 사로잡혀 최선을 다했는데

그것은 모양을 지닌
아름다운 그림일 뿐이었으니

얼마나 외로워하며
괴로워하며
발버둥을 쳤어도
아무런 소용이 없었어라

잘못 밟은 그 길에서
헤어나지 못한 사실에
그 형편에 맞추어
살아갈 수밖에 없었으니

이것도 저것도
모두 가버리고

보내버린
사실들이 새로워져
소리를 내고

아무리 용솟음쳐도
그분의 인도하는 길에서
벗어날 수 없었으니

품어온 꿈은
그들이 이루어
향기를 피우고 있으니
새로운 기쁨에 안겨
기뻐하며 즐거워하며
감사를 거듭하고 있다

대신 이루어낸
그 모습을 바라보면서
간절한 기도를 매일 드리옵네

농사짓기

살펴야 할 만큼
주어진 여건에서
매일매일 돌보며
살피고 있었으니

모두 쓰러지고 넘어져서
어디에서부터 시작을 해야 할지
엄두도 낼 수 없었어라

그런 중에도
혼자서 정신을 가다듬고
계획을 세우고
돌보기 시작하였으니

이런 것이 우리들이 살아가는
삶의 모습인가 생각하며
견디면서 인내하였어라

바라던 소망을 위하여

이것도 저것도 감싸 안고
지혜를 찾으며
나누고 있음이여

주어진 여건 속에서
멀지 않아 씨앗을 뿌리고
이것을 위하여
가꾸는 아름다운 정성은

알뜰한 열매를 안을 것을
생각하고
외로워도
최선을 다하는 모습이었으니

그날을 생각하며
힘들어도 견디며
다듬고 있음이여

3부

살펴주셨음에

흘러가버린 세월 속에서
살아온 열매들을 바라보면서
그들을 위한 사랑의 은총이
넘치기를 바랄 뿐이었어라
그러면서
바라던 그 사실에
남은 힘을 쏟아 보람을 찾아
이루고자 하는 소원은 넘쳐 있으니

살펴주셨음에

지금의 자리에서
보내버린 가지각색의 모습들이
그림처럼 스치며 지나고 있다

나름대로 최선을 다한
그림들인 것 같으니
늘 그리면서 다듬고 했지만
원하는 것은 이루지 못하고

눈앞에서 어쩔 수 없는 삶 속에
알뜰히 엮어 완성품을 만들어
내어 놓았으니

흘러가버린 세월 속에서
살아온 열매들을 바라보면서
그들을 위한 사랑의 은총이
넘치기를 바랄 뿐이었어라

그러면서

바라던 그 사실에
남은 힘을 쏟아 보람을 찾아
이루고자 하는 소원은 넘쳐 있으니

살피며 돌아볼 것도 없이
남겨진 지혜로
아름다운 소품들을
완성시켜 남겨놓는 것이
소원인 것인가

고난주간에

말씀을 통하여
보여주신 사랑의 은총은
이어지는 그날까지
보여주시며
깨닫게 해주신다

매일매일
그 고난에 동참하며
이겨낼 수 있는 의지와
사랑을 깨닫게 하신다

십자가에서 피 흘리심과
채찍에 맞으심의
그 엄청난 사건이
우리의 마음속에 살아 움직여
새롭게 거듭나게 하시니

그동안에 살아온 사실을
되돌아보면서 회개하고

피 흘리신 모습에 사로잡혀
끊임없는 기도가
이어지고 있었다

인류를 위하여
피 흘리신 그 모습을 생각하며
동참하는 고난주가 되기를
스스로 생각하며
바라보고

구원의 은총에
조용히 묵상을 거듭하고 있다

개나리꽃을 보면서

화려하게 아름답게
활짝 피어
보는 이로 하여금
감동의 기쁨을 느끼게 하고

힘이 들지만
그 꽃길을 걸어오면서
많은 것을 느끼고 깨닫게 하네

피어 있을 때가
제일 화려하여
보는 이로 하여금
사랑을 많이 받을 것 같은
느낌이었어라

노랗게 화려하게
피어 있을 지금이
최고의 아름다움이라고
말하고 싶어진다

우리도
언젠가 화려한 때가 있었나
생각을 더듬어본다

언제이었을까
원하던 꿈을 이루었을 때인가
벗어날 수 없는 여건에서
가슴에 묻어두고

지금도 늦지 않을 것이니
개나리처럼
활짝 피어
자랑하고 싶어진다

화사한 모습을 바라보고
너처럼 화려하게
원하는 소망을 피우고 싶구나

고난을 묵상하며

가시관을 쓰시고
피를 흘리고

채찍에 맞아
몸 전체가
피로 범벅이 되고

무거운 십자가를 지고서
언덕을 올라가는
모습을 그려보면서

우리의 죄로 인하여
혼자서 감당하신 모습에
마음이 떨려
눈을 감고 있었음이여

우리의 허물과 죄 때문이란 사실에
어쩔 수 없는 그 사실에
떨고 떨 수밖에 없었어라

하루하루 당하시는 그 고난에
동참하며 생각하면서
기록된 말씀을 읽으며
그 사실에 동참하며
묵상하며 기도드리며

부활의 그날을 생각하며
가지각색의 모든 일들을
그리면서 경건히 지나고 있음이여
고난의 엄청난 사실을 묵상하면서

부르심

새벽을 깨우는
하늘의 그 음성은
지금도 생생하게
선명하게 들려오는 듯
가슴에 남아 있다

시간이 지나면서도
잊어버릴 수가 없었으니
풍금 소리에 마음이 용솟음치면서도
살며시 가라앉으면서
찾으라는 소리가
들려오고 있었으니

아무런 이유도 모르고
함께 노래를 하고 있었어라
그 후로 그 노래가 좋아서
찾아가서 배우면서 노래하고
자리를 잡기 시작하였으니

누구의 소리도 들어보지 못하고
오직 찬양을 통하여
부르심을 받은 것이었으니

그 음성이 들려오고
그 속에서
살아가는 은혜를 깨닫고
주어진 모든 것을
감당할 수 있을 것 같았으니

누구의 손짓도 없이
직접 부어주심의 은총에
감사를 거듭거듭
드리고 있음이여

활짝 핀 꽃

물을 준 것밖에 없는데
곱게 화려하게 피어
웃으며 사방을 바라보며

나팔을 불고 있는 듯한
모습이었으니
아름답고 화려한 모습이 되어
노래하고 있는 듯

생명의 가장 고귀함을 나타냈을 때가
그 삶에 소중한 기회이려니
가슴으로 퍼져온다

사람들도
흘러간 시간 속에서
가장 보람 있고
아름다운 때가 있었거늘

각자가 알고 있겠지

언제였을까
원하던 꿈을 활짝 피웠을 때가
그 화려한 모습을 생각하면서
더듬어본다

아직껏 봉우리로 묶여 있을까
시간이 지나기 전에
원하는 꽃을 활짝 피워

보는 이로 하여금
감동을 주고 싶어진다
그 화려함을

그 하나만 잡고

시간의 흐름과 함께
보내버려야 할 것
놓아버려야 할 것
모두 다 흘려보내고

그 가버린 것을 위하여
간절한 마음으로
형통함을 바라고 있을 뿐이니

버릴 수 없는 것
그 하나만 남아서
재촉을 하고 있다

흐르는 시간과 함께
그 아름다움을
찾고 살펴서

든든한 집을 짓고
쉼을 나누는 자리를 마련하고

찾아내어 즐거워하는

이모저모의
사실들을 차려놓고
나누며 즐거워하리라

어려운 가운데서
찾아내었으니
다 이루어간다고 노래하거늘
이것이 마무리하는 모습일까

산소에 가면

풀꽃들이 활짝 피어
웃으며 맞이하고 있었다

경치가 아름답기에
5월의 어린이날에
산소를 방문한다

살아계셨을 때의
생각들이 선명하게
떠오르곤 하여
그때 이야기를 주고받는다

시간은 바쁜데
예배를 드리고 가야 된다고 하여
예배를 드렸다

그때 부르던 찬송가
'우리 다시 만날 때까지'
이 찬송이 이별가가 되고 말았으니

하나님께
딸을 부탁한 찬송이었으니

그래서
산소에 가면
이 찬송을 먼저 부르고
잘 부르시던 찬송을
골라서 열 곡을 부르곤 한다

하늘에서
듣고 계시는 줄 믿고 있다
흙이 되어버린 그곳이지만
목이 터져라 불러보곤 한다

이젠
할머니가
되었으니
풀꽃들이 살랑살랑
웃고 반기고 있다

보리를 보면서

화분에서
보리가 파랗게 자라서
하늘거리고 있다

멈추어 서서
한참 바라보니
싱싱하고 파란 모습이다

가버린 옛날
여학교 다닐 때였던가
학교에 가며오며
보리밭 길을 걸었다
너무 좋아서

파랗고
바람에 하늘거리고 있음을
바라보고 만져보고 하였으니

꿈속에서 살아갈 때

그 풍경은
마냥 마음을 부풀게 하였으니

바람에 살랑거리는 모습은
즐겨 노래하는 듯
마음속에 있는
이야기를 들어주는 듯하였으며

오늘도
머릿속에
마음속에 남아서
가버린 그 풍경의
그 길을 걷게 한다

가버린 꿈을 생각하면서
싱싱한 그 냄새에 취하여
바라보고 있었다

흘려보낸 그 하나

시간이 가고
세월이 흘러갔어도
잊어버릴 수 없어
가슴에 남아 있다

아쉬워하며
그리워하면서
다독거려본다

아무 소용없는 일이지만
스스로 자책도 해본다

어쩔 수 없는 환경과
살아가야 할 여건을
돌아보아야 하기에

잠시 밀쳐 놓았던 것을
찾지를 못하고
덮어버리고 말았으니

살면서
생각이 나서 열어보면
너무 늦어버려
돌이킬 수 없는 처지가 되어
아쉬워하며 외로워하고 있지만

새로운 사실을 찾아
그것을 위하여
씨를 뿌리고
잘 가꾸어서 살아가는 세상에
퍼지게 나누면서
꽃으로 활짝 피게 하리니

풀 길을 걸으면서

새벽엔
언제나 그 길을 걷고 있다

바람에 풀들이
살랑살랑 하늘거리면서
맞아주는 듯한 표정이다

가지각색의 풀들이
싱싱하게 자라면서
개성들을 나타내고 있다

싱싱하고 아름다워서
손으로 쓰다듬으면서
사랑의 표시를 하곤 하였으니

한 포기 한 포기 개성이 있고
모양도 다르고
나름대로의 이야기를
하고 있는 듯하다

키가 큰 것도 있는 반면
땅에 붙어
사방으로 퍼지는 것 같은
모습도 있고
기대어서 자라는 것도 있으니

우리 사람들의 살아가는 모습과
다름이 없음을 느끼게 한다

싱싱한 풀들의 환영 속에
기쁨을 느끼며
감사의 은혜를 가슴에 품고
하루를 시작하고 있다

오동나무 밑에 앉아서

사방으로 그늘이 펼쳐져 있어
앉아 있기에 얼마나 평안한지
앉아본 사람만 알 것 같다

처음에는 대나무같이 날씬한 것이
때가 지나므로 인하여
풍성한 자리를 만들었으니

험난한 세월과 함께
인내하며 살아온 모습을 그려보면서
그 풍성한 모습에 감격하고 있다

어떻게 하여
잘 키울까 싶어
정성을 다하고
열심을 쏟고
다른 생각은 밀쳐두고
부지런히 돌본 것뿐인데

시간의 흐름과 함께
아름다운 열매들이
나뭇가지에 맺히어
환하게 웃고 하늘거리고 있으니

그 밑에 앉아서
감사하며 기뻐하며
즐거워하고 있으니
얼마나 아름다운 모습이랴

보다 아름다운 열매를 맺어
필요한 그들에게
나눔의 은혜로
감사를 엮어 돌리고 있으니

축복의 은혜가
넘치고 있음이여
감사의 은혜도
넘치고 있음이여

나무 키우기

가지들이
사방으로 뻗어 있어
어수선하여 질서도 없고
산만하게 느껴진다

올바르게 잘 키우기 위하여
솟구쳐 있는 사방의 가지를
짜르고 다듬고 하였으니

손이 아프고 가슴은 시리고
표정들이 굳어 있었으니
힘든 순간순간이었어라

시간의 흐름과 함께
위로함을 얻고
차츰 달라지는 모습에
보람을 느꼈으니

올바른 자세 속에

아름답게 자란 모습엔
감격이었어라

그곳에 쏟은
기도의 비료들은
제대로 양약이 되어
아름드리나무가 되었으니
그늘도 만들고 있다

그 밑에서
기도드리며 감사하며
은혜를 받고
나누고 있음이여

갈급하고 외로운 자들일랑
오라고 손짓도 하고 있으니
애써온 보람에 환한 웃음으로
감사를 엮고 있네

갈대 길

파란 갈대들이
싱싱하게 솟으며
하늘거리는 길옆을 지나고 있다

뿐만 아니라
가지각색의 풀들도
아름답게 자라고 있다

그들을 보면서
생명의 아름다움과
소중함을 깨닫게 된다

나름대로
향기를 풍기고
환하게 웃으며
흔들고 있다
그들의 아름다움을 보기 위하여
매일 아침 그곳을 찾으며
걸으면서 대화를 나누고

찬양을 들려주고 있다

그들은
바람에 흔들리면서
알아들었다는 표현으로
흔들흔들하고 있으니

하늘의 사랑과
빛의 따뜻함과
목마름 때의 비가 있으니

아무런 근심 걱정 없이
활달하게 살면서
아름다움을 나누고
하늘의 은총이 넘치고 있다

잊어버린 나무들

지금쯤은
고목이 되었을까
없어져 버렸을까
그늘을 만들고 기다리고 있을까

조용한 틈을 타서
나무 밑의 쉼터가 생각에 스친다
즐거웠던 휴식의 시간이었는데
새로운 꿈을 그려보던 자리였는데

세월과 함께
없어져 버렸을 거야
지금까지도 기다리고 있다면
찾고 싶은데
바람과 함께 사라져버렸을 거야

지나가는 순간
새로운 결단으로
다시 찾아가는 삶에

자리를 잡고

나름대로 엮어가고
이것이 살아가는 모습인가
흘려보낸 시간 속에서
새로운 삶은 꽃으로 피어
열매로 영글고 있는데
그 그늘이 떠오르고 있다

찾은 자리에서

살아가는 삶에
얽매이지만
원하는 것을 위하여
애써온 나머지

때가 되니
한자리를 만들고
우뚝 서 있는 모습에
감격이었어라

품고만 살아온 꿈은
이제 꽃을 피우고
향기를 풍기며
열매로 영글고 있으니

그 공간으로 찾아가서
복의 근원이 되게
간절한 기도를 드렸음이라

연단으로
인내하며 살아온 삶엔
축복의 통로가 되어
소망으로 영글고 있으니

얼마나 벅찬지
하늘로 향하여
감사의 향을 피우고
찬양을 드리곤 하였어라

잊혀지지 않는 것들

어떤 바람이 불어
흔들어 넘어지게 하여도
잊어버릴 수 없는 그것은
가슴속에서 살아서 움츠리고 있다

조용히 혼자 있는 시간이면
깨워서 일으켜 세우며
그림을 그려서 움직여보지만
모두 헛된 사실
그 속에 몰래 있어서 움직여본다

모두 흘러서
잡을 수도 세울 수도 없지만
하나의 아름다운 그림으로
남겨두고

대신 일어선 그들을 위하여
살피며 간절한 부탁을
드릴 뿐이니

바라던 사실들은
열매들이 되어
나눔의 은혜가
넘쳐나기를 바라면서

못다 이룬 사실에
위로를 받고
그들만 바라고 있음이여

그 사실

잊을래야 잊어버릴 수 없는
사실이었다

그 음성에 힘을 얻고
발돋움하며
그 사실에 매달려
달려가고 있었다

새로운 꿈은
어떤 역경에도
헤어날 수 있는
아름다운 모습이었으니

뭔가를 할지라도
그 말씀으로 연결이 되어
새로운 발걸음을 옮겨보는
사실에 달려왔으니

좌절을 모르고

지금까지 살아온 모습이 아닌가
생각이 든다

그곳에만
의지하여 살아온 사실에
기쁨은 사방으로 퍼지고

그 힘은
지금도 일으켜 세우고
있음이여

생각의 정리

때때로
한구석엔 버릴 수 없는
그 사실에 붙들려 생각하며
후회의 구렁텅이에 빠져 있다

스스로 일어설 수 있을 터인데
뭔가를 잡아보려고
손을 내밀었을까
자책을 하면서도
억세게 이겨 나왔으니

그저 후회스럽기만 하여
스스로를 달래고
새로운 바람을 위하여
그림을 그려본다

영원히 남아 있을 그것을 위하여
최선을 다한 그 그림은
후대들에게 이어지어

그들 가슴에 기억될 것이며
이루지 못한 그 사실들을
그림 속에 담아
향기라도 피워
그들에게 나누고 싶어지니

이렇게 하면
못다 이룬 사실이
정리될 수 있을는지

그 풍금 소리에

어느 날
친구 집을 찾았을 때
들려오는 그 풍금 소리에
이끌리어
그 노래가 무엇인가를
찾게 되었으니

너무나 좋아서
들으면서 배우면서
익히기 시작하였어라

무언가를 알기 위하여
찾으며 찾으며
빠짐없이 그 문을
드나들었으니
아득하기만 하다

주어진 사실에
마음을 쏟고

그 사실을 찾으며 드나들고
새로운 사실에
눈을 뜨고 생각이 달라졌으니

하늘의 소리에 뜻을 두고
들으며 찾으며 읽으며
그 음성을 듣고
믿음을 가지게 되었는가

어떤 여건 속에서도
그 마음은 요동이 없이
그 속에서 찾으며 평화를 간직하고
오늘에 이른 것인가

자신의 울타리가 되고
변함없는 그 속에서
가며오며 동행의 사랑에
믿음도
은혜에 휩싸여 든든함이니

바라보고 있음이여

살아가다 보면
이것저것 어렵고 고달픈 사실에
짓눌려 허덕이는 일들이
얼마나 많은가

그런 가운데서도
저버리지 않고
다듬고 다시 일어서는 용기에
놀라움을 가져오고 있다

한 가지
바라보는 사실에
저버리지 않고
새롭게 다듬고 있으니

바라볼 때마다
새로운 용기를 받고
힘을 얻어
새롭게 발돋움하고 있으니

어렵고 힘이 들어
넘어질 때도
새로운 힘의 은혜 속에
다시 일어서는 모습에
감동이었으니

그날까지
잊어버리지 않고
바라보는 그 사실에
힘을 얻고 있음이여
암송으로 다듬고 있음이여

그 안에서

잊어본 적이 없었으니
그 하나에 집착하여
외로움도 괴로움도
그곳에서 힘을 얻고
깨닫고 이겨낼 수 있었던가

그래서
그 속에서
이웃들에게 알리면서
주어진 여건에서
다듬고 늘 찾고 느끼며
살아가는지

늘 주어진 여건 속에서
할 일을 하면서
새로운 사실을 찾으며
언제나 일으켜 세우시는
그 힘에 감사를 엮어가고 있으니

오늘도
그 속에서 즐거워하며
일으켜야 할 모든 것에
최선을 다하고 있는가
그 안에서 살아가니
기쁨은 영원하리니

숲 속에서

숲 속에 들어서니
매미 소리는 사방에서
울려 퍼져 분별을 할 수 없는
합창곡인가 이름을 붙여본다

한쪽에서 잠시 소리가 잠잠하면
또 다른 곳에서 소리를 내어
맴맴하고 있다

무슨 소리인지
알 수가 없다

모두 그 소리에 둘러싸여
더위도 잊어버리고
숲 속에 앉아 무더위를 잊고
사랑을 나누고 있다

그들의 시끄러운 노랫소리에
이것저것 생각을 주워 모아

연결을 하면서 거듭거듭
정리를 하곤 한다

그 소리에 휩싸여
시간 가는 줄도 모르고 지나면서
새로운 행복에 사로잡혀
떠날 줄도 모르고 앉아 있다

거듭거듭 결론을 내리지 못하고
그 소리에 파묻히어
하늘에다 이야기를 하였으니

휴가 즐기기

모든 사람들이
그들 살아가는 형편대로
어디론가 가고 있다
즐거워서 웃음을 나누고
아이들도 함께 즐기는 모습들이
화려해 보인다

산으로 들로
강으로 바다로 가서
형편과 처지에 따라서
생활하고 사랑을
나누고 있으니

세월과 함께
가버린 즐거움이여
힘이 들었어도 즐거워했는데

이제는
달라지고 있다

조용한 집에서
누워 책을 읽으며
지내는 것이 즐거운 것 같다

살아가는 모습들이
완전히 달라지고 있다
혼자서 하고 싶은 일을 하면서
읽고 생각하고 상상하면서

누워서 하늘을 보고
물소리도 듣고
시원하게 보내는 것이
오늘의 즐거움인 것 같다

이런 그림이
나의 휴가이다

흐르는 물 옆에서

맑은 물이
졸졸 흐르는 소리를 들으니
새삼스럽게
잡스러운 생각들이
떠오르곤 한다

하나하나 생각나는
어지러운 것들을
한데로 묶어 흘려보내고

손을 물 속에 넣어보니
시원한 기분에
물을 두드리고

깨끗한 환경 속에서
이것저것 바라보며
살게 하신 그분께
감사의 마음이
솟구쳐서

잠시
눈을 감고 발을 담그고
간절한 마음으로
감사의 기도를 드렸어라

자연 속에서 찾을 수 있는
기쁨이란
너무나 큰 즐거움이었으니

나를 불러주신
그 찬양을 조용조용 부르며
발로 물을 흔들고 있었어라

4부

어려운 모습들

다 넘겨 보낸
역경을 살펴보니
은혜의 사실임을
결론 내고 싶다
세월이 지났지만
때때로 그 어려웠던 시절을
혼자서 되씹고 생각하고
고난의 역경들을 그려본다

어려운 모습들

이 세상에 살아가는
모든 사람들에겐
나름대로 주어진 일들이 있는 대신
이겨내어야 할 온갖 어려움도
가지각색이다

보기에는
곱게 순조롭게 잘 자란 것 같지만
알지 못하는 어려움에
시달려 살아옴을 알 수 있다

글로 나타난 그 상황을 읽으면서
살아온 모습에 감명을 받으면서
각자에게 주어진 어려움들이
생각나게 한다

어떻게 할 수 없는 여건이지만
지혜롭게 이겨내어야 한다는
결론을 보게 한다

그 고비고비를 넘겨야만이
원하는 길이 있음을 보여주고 있다

다 넘겨 보낸
역경을 살펴보니
은혜의 사실임을
결론 내고 싶다

세월이 지났지만
때때로 그 어려웠던 시절을
혼자서 되씹고 생각하고
고난의 역경들을 그려본다

초하루 모임에

어디에서
오는 것인지
사람들이 찾아들고 있다

각자 원하는 모든 것을
가슴에 안고 모여들어
오직 한곳에
정성을 모으고
간절한 소원들을
아뢰옵고 있다

함께 살아가기에
모두 다를 것이 없었으니
함께 휩싸여서
함께 의지하여
아뢰옵는 것은
다를 바 없었으니

성령의 은혜가

넘치고 있음이여
평안의 가슴을 안고
일어서고 있음이여
응답받은 축복이 넘침이여

기쁨을 나누면서

알지 못하는 그들에게
나눈다는 기쁨은
말로 표현할 수 없었으니

모두
기쁘고 즐거워하면서
한 사람의 생각으로 하여
수많은 은혜에 휩싸여서
웃고 있었으니

그분으로부터 오는 것임을
알고나 있을까
돌아보니
말이 없는 사람도 있고
기뻐서 인사하는 분도
넘치고 있었다

모두에게
은혜가 넘치는

선물이었으면 하는
기도를 혼자서 드리곤 하였어라

표정이 없고
말이 없는 그들은
냉랭한 가슴인가
은혜를 잊은 마음들인가

가지각색의
생각들이 오고 가곤 한다

멀리 바라보면서

모두 함께
살아간다는 것은
알 수 없는 사이에
상처들이 생겨서
아파하게 되는 것인가

어느 곳 어디에서든지
상처가 도사리고 있음을
알 수 있고 경험하고 있다

그래서
그런 경험을 하지 않기 위하여
늘 혼자서 살피며
살아가는 것인가

두렵고 떨리는 생각뿐이니
어느 곳 어디를 가든
주의하면서
조심스럽게

지나고 있다

상처를 받지 않기 위하여
웃으며 이야기하며
돌아서곤 한다
경험한 결과가 있기 때문인가

그래서
언제나
그분과 이야기하며
들려 드리고 있다

모두에게
가까이하는 것보다
멀리하며
손을 흔들고
바라보고 있는가

풀벌레 소리들

가지각색의 모양을 한
풀들이 나름대로
생생히 자라고 있는
그 옆을 걸으면서
그 모습들이 싱싱하며 생기롭다

그 풀 속에서
들려오는 소리들은
너무나 청아한 소리들이다

그 모습들이 보고 싶어
풀들을 들춰보아도
어디에 있는지 찾을 수 없었다

걸으면서 듣고 있을 뿐이니
청아한 소리를 통하여
평안과 기쁨을
나누고 있으니

어떤 말을 듣지 아니하여도
생각을 거듭하게 한다
마치 사랑만 넘쳐나는
그 길을 걷고 있으니

하늘의 은혜에
휩싸여 있는 듯
행복하였어라

살아간다는 것

살아간다는 것은
보통 일이 아니었으니

올바르고 정직하게
그 말씀에 순종하며 산다는 것도
참으로 어려운 것 같다

그래서
주신 그 말씀을 보면서
어긋남 없이 그대로 살아가는 것이
얼마나 보람되고 축복된 일인지

주신 선물들 하나하나에
그 사랑을 베풀면서
어긋남 없이 살게 하려고
얼마나 가슴 조이며
지켜보았는가

그들을 위한 선물로

아낌없이 나누어 주었는데

그런데도 때때로
어긋나서 마음대로 하는 때가
얼마나 많아졌는지

너는 돌아서야 하리니
올바른 길로
그 길을 찾아 성실히
살아야 하느니라

그러기 위하여
주야로 기도하네

이사 온 뜰에서

살다 보면
때때로 형편과 처지에 맞추어서
보다 좋은 곳을 찾아다니는 것이
원칙인 것 같다

비어 있는 곳을 채우기 위하여
새로운 삶의 빛을 채우기 위하여
늘 찾고 있는지 모른다

비어 있는 곳곳마다
꽃을 피워 향기로 채우고
사랑의 향에 흠뻑 젖어
새로운 열매에
젖어보는 기쁨은 보람이었으니

알지도 못하는 틈 속에 앉아서
품어온 이야기를 아뢰옵는
그 사실에 얼마나 즐거웠는지

주어진 자리를 만들고
최선을 다한 모습에서
새로운 사랑은
손으로 가슴으로 이어져서
즐거움으로 이어지겠지

그곳에서 자리를 만들고
향기론 꽃을 피워 나누어보리니

달라진 모습들

어디론가 갈 곳도 없었기에
변화하는 모습들을
창문을 통하여 바라본다

하루가 다르게
그 색깔들이 달라진
아름다운 모습들이다

산속에서
바라보는 것 같은 느낌이었으니
선명하고 곱게 물든 모습에
가지각색의 생각이 떠오른다

우리 모두들도
아름다운 모습으로
기쁨을 나눌 수 있다면
얼마나 보람된 삶이었을까

그들과 같은

열매가 영글어
나눌 수 있는 삶이기를
새삼 다짐해본다
가지각색의
모습들을 보면서

나무 밑에 앉아서

바람이 불어오면
나뭇잎들은 바람과 함께
흐드러지게 떨어지곤 한다

그 모습들을 바라보면서
우리의 살아가는 모습에
비교를 거듭하고 있었으니

언젠가는
우리도 저렇게 떨어지겠지
그 서글픔에 잠겨
가지각색의 생각에
사로잡혔지만

한편으로
무언가 낭만이 넘쳐오는 듯
즐겨 바라만 보고 있었어라

나무를 통하여

삶을 그리며
무언가를 찾고 있는 듯

일어나
밟아보니
아삭아삭 소리가 들려온다

연약한 모습들

모두들
강하고 억세게 보이기만 하다
그래서
훌훌 날고 싶어진다

그러기 위하여서는
늘 조심하며
주어진 여건에서
감사하면서 살아야 한다

새로운 바람은
매서운 균을 담아
불어닥치며
모두에게 스며들고
괴롭히고 있다

조심하고
주의하여도
이겨내기엔

어려운 일이라

침공을 당한 분들은
모두들
쓰러지고 넘어지고 있다

그들을 위하여
간절한 마음으로
하늘에 부탁을 드리곤 하였으니

모두
회복되어
자기 위치에서
사랑을 나누는 삶이 되었으면
얼마나 기쁠까
간절함을 부탁하였으니

사각모를 보면서

어느 사이
훌쩍 지나간 날이
그림이 되어 떠오른다

품고 살아온 꿈을 위하여
온갖 어려움도 물리치며
달려온 모습이 아니었던가

참고 견디면서
바라보면서
찾으면서 달려왔는데
손으로 잡은 것은
아무것도 없었으니

잡아야 할 것을
잘못 잡아서일까
생각지도 아니한
딴 길에서 헤매며
허우적거렸으니

원하던 길은 바라만 보고
허우적 다른 삶에서
헤어날 수 없었으니

얼마나
아파하고
외로워했는지

그 모습을 바라보면서
그때 그 마음에
사로잡혀 외로워하면서

다시
시작하고 싶은
마음을 일으켜 세워보면서
위치를 돌이켜본다

그들의 모습들

사십 대가 된
그들의 모습을 바라보면서
감사하고 있었다

자랄 땐
순종하며
자기의 일들을
열심히 하며
일어선 모습들이
눈에 선하기만 하다

때가 되어
한 가정도 이루고
가장이 되어
각자 맡은 일을
열심히 하며 살아가는 모습에
더욱 감사를 드리옵네

어디에 내어놓아도

모두 부러워 바라보고 있다

더욱더
하늘의 사랑을 받으면서
최선을 다하는 모습에
더욱 감사를 드리면서

도움과 사랑을 베푸는
그들 삶에
하늘의 축복이 넘치도록 임하는
간절한 기도가
이어지고 있었으니

다만 그들을 위하여
하늘에다
부탁하는 일밖에 없었어라
손자 손녀들까지

낙엽 길

아삭아삭 소리를 들으면서
말라서 비틀어진 잎들을 밟으니
아파하는 소리가 들려오는 듯하다

아름다웠던 모습은
모두 사라지고
땅에서 뒹굴고 밟히고 있으니

뭔가를 생각하며
그 잎들을 밟으면서
걷고 있다

아름답게 도움을 주던 때는
언제이며
지금은 마무리를 한
모습들을 보여주는 듯하였으니

모두들
화려하고

도움을 주던 때도
있었는가 하면
때가 되면
버림을 받는 때가
있다는 것을
보여주는 것 같았다

흩어진 낙엽을 밟으면서
온갖 생각에 사로잡혀
걷고 있는 모습이
어쩐지 외로워서
흔들리고 있는 듯하다

돌아보면서

한 장 남은 달력을 바라보면서
빨리도 지나갔구나 하는 생각에
먼저 마음을 가다듬고
감사를 적었어라

주위를 살피고 돌아보아도
그 은혜에 사로잡혀
모든 것에 감사의 향으로만
피우고 싶었으니

하늘을 보나
땅을 보나
주위를 돌아보나
그 은총만을 채우고 싶었으니

살아가는 모습이
달라질지라도
향기론 꽃을 피워
하늘로 하늘로 드리고 싶을 뿐이니

사랑의 향으로 가득 찬 집에서
적어온 감사를 마음껏
이야기해 드렸으니

마음엔
기쁨과 평안함이 찾아드니
더욱 감사에 휩싸여
찬양으로 소리를 높혔어라

잃어버린 것들

용기 있는 모습과
끈기 있는 모습을 보면서
새로운 감동을 받았으니

가난의 어려움 속에서도
목표를 향하여 달려간
그 의지에 축복으로 채워지고 있었다

지금은 의젓한 교수가 되어
삶의 꽃을 피우고 있었으니

그 의지에
그 인내에
그 용기에
새로운 느낌을 갖게 하였으니

비록
나이를 많이 먹었지만
새로운 소망을 찾아

접어둔 꿈을 이루고 싶음이여
그래서 새로운 인생의 꽃을
활짝 피우고 싶었으니

할 수 있을는지
스스로 다짐해본다
하늘에다 속삭여본다

꿈을 이룬
그들을 바라보면서
아쉬움을 달래면서
행복하라고 바라보았으니

보내면서

뒤에 서서
바라보고 서 있다
빨리도 가버린 시간들이
마음을 사로잡고 서성거리고 있다

보람이 있었는지
헛되지 아니하였는지
돌이키며 생각을 접고

해야 할 일을 하면서
피해는 주지 아니하였는지
여건에서 보람을 위하여
최선을 다하였는지를

더듬더듬 살피고 있으니
마음이 무겁기도 하고
가볍기도 하여
새삼 돌아보게 된다

헛되지 않기 위하여
나름대로 최선을 다한 줄 믿어본다

얼마를 산다고
허송세월을 보내었을까
그런 일은 없으려니 생각하면서
스스로에게 물어본다

어쩌지
서글퍼지는 마음을
달랠 길 없어

그분께 간절한 마음의 생각을
이야기 꽃을 피워보니
마음이 후련해진다

아름다운 계절

눈을 따라오는
화려한 모습들이
사방으로 널려 빛을 발하고 있다

눈을 돌리고
마음을 쏟고
즐기며 바라보고
행복해하고 있다

빤작이는 그 빛 속에서
새로운 사랑을 체험한 듯
하늘의 소리를 듣고
끊임없이 느껴지는 사랑에
휩싸여 있다

그 빛 속에서
끊임없는 나눔의 은총은
퍼지고 퍼져서

모두의 가슴속으로
자리를 잡고 즐겨
노래하며
줄을 잇고 있다

가장 아름다운 계절
그분 오심을 환영하며
감사하며 즐기며 노래하며
모두 기쁨의 은혜가 넘치어
사방에서 즐기고 있다

줄을 묶으면서

풀어놓았던 줄을
양손에 잡고
지나간 세월을 돌이켜
생각을 거듭해본다

하나하나 살펴본 사실들에
감사의 꽃을 피워
웃으며 향기를 피우고 싶어진다

그들을
일으켜 세운 삶에
수많은 열매들이 영글어
결실을 맺어
나누고 있음이니

돌아서서
감사의 노래를
아름답게 불러서
높이높이 드리고 있음이여

말씀을 엮은 향기는
사방에서 빛으로 연결되고
새로운 꿈이 이루지고 있음이니

말씀이 담긴 책은
온 세상 곳곳에서
향기가 되어 스미고 있음이니

모두 은혜로 이루어지고
작은 힘은 함께 합쳐져서
사랑을 나누고 있음이여

일 년 내내
풀어놓았던 줄을 잡고
감사하면서
그 줄을 묶어본다

길을 찾아 들면서

조용한 가운데
새 길을 찾아 걷고 있다
이전과 다를 바 없지만

새로운 마음을 가지고
찾아서 걷기 시작하였으니
주어진 여건에 따라서
살피면서 걷고 있네

어떤 처지일지라도
순종의 마음을 가지고
주어진 여건에 따라서
걸어갈 것이니

원하는 것은
그 뜻에 따라
가다 보면 이루어지는
기쁨은 벅찰 것이며

주어진 길에서 원하던
그 사실에 힘을 쏟다 보면
결실을 맺어
기쁨을 나누게 될 것임을
확신하면서

오늘도
간절한 마음으로
기도를 드리옵네
그 모든 것을 위하여

눈길

하얀 눈길을
오랜만에 걷고 있다

그저
푹푹 빠져보니
두렵고 떨리지만
상쾌한 기분이다

젊은 날
눈길에 넘어졌을 때를
생각하면서

그저
수많은 난관을 헤쳐나가는
승리의 기쁨을 느끼며

조심조심히
인생의 길을 걸어가듯이
걷고 있었다

활달한
그때를 생각하면서
푹푹 빠져 보고 있다

열어보니

흘러가는 시간 따라
생각에 생각을 거듭하면서
하나의 문을 열어보았다

열고 나면
다시 닫을 수도 없는
처지이기에
조심조심 열어보았으니

혼자 생각하고
상상했던 것과는
너무나 차이가 많이 나
실망으로 거듭하였지만

그래도
참고 이겨내어야지 하는
신념으로 스스로를 다스리고
찾아야지 하는 생각밖에 없었으니

가슴도 아프고
머리도 아프고
견디고 견디며
열어본 사정으로 인하여
견딜 수밖에 없었으니

춥고 떨림과
가난의 외로움에
소망하는 모든 것은
괴로움뿐이었으니

다시 닫을 수 없는
그 문고리를 잡고
잘못 찾은 후회에
가슴을 치면서도

주어진 여건에 따라
최선을 다한 삶은
기쁨의 은혜로 넘쳤으니

새로운 발돋움

주어진 삶들을
생각지 못했어도
도전으로 인하여
참고 견디면서

살아가야 할 길을
나아가는 것이
우리의 모습들인가

그동안에 평안한 가운데서
보호받는 여건 속에서
살아왔는데

이제는 모든 것이 바뀌고
변화된 방향에서
혼자서 견디며 찾으며
새롭게 말도 배우며 익히며
살아야 하니

얼마나 두려움으로
넘쳐나고 있을까 싶어서
항시 기도로
부탁을 드리고 있단다

건강하게 참고 견디면서
잘 배우고 찾아내어
승리하기를 바랄 뿐이네

멀지 않은 장래에
우뚝 선 모습을 바라보며
한없이 기뻐하며
감사하리라

그러기 위하여
참고 견디면서
지혜롭게 최선을 다한
승리의 모습을 바라본다

지나가 버린 모습들

바람과 함께
휩쓸려 사라지고 없어진
그 사실에 잠겨본다

온갖 휘몰리는
사정에 의해서도
꿋꿋이 그 하나를 위하여
헤쳐나왔는데

폭풍에 쓰러진
나무 그늘에선
도무지 그 사실을 일으킬 수가
없었으니

그것이
우리들의 살아가는
모습이었나 싶다
항시 생각을 하며
찾아야지 하면서도

옮길 수 없는 발걸음이었으니
가슴에 뭉치어서 때때로
일으켜 세우고 있다

생각의 잘못이기에
그 뜻을 펴지도 못하고
묻어온 소망이
한없이 후회로 괴롭게 한다

가슴을 달래면서
우뚝 선 건장한 나무들을
바라보면서
위로함을 받고
은혜로 이어지고 있으니

비슷한 모습을 보면

하늘을 보고
땅을 보며
온갖 사물을 보다가도
지나가는 비슷한 모습을 보면
그 얼굴이 떠오르곤 한다

어떻게 지내고 있는지
궁금하면서 답답하여
간절한 기도만 드릴 뿐이니

건강과
지혜와 명철과
올바른 판단력을
최선을 다하는 노력을
참고 견디는 힘을
적응력을

그래서 모두 이겨내어
승리하는 은총을 베풀어달라고

간절한 기도뿐이니

그리고선
외로움도 이기고
주위에 있는 모든 분들에게
도움을 허락해 달라고
부탁을 드리었다

세월과 함께
지나다 보면
꿈을 이루고 큰 기쁨을
모두에게 안겨주는
사랑이 넘치리라
믿으며 위로를 엮어본다

인환아
참으면서 이겨내어라
할머니는 기도드릴 뿐이다

설날에

중년이 된 그들과
커버린 손자 손녀들을 바라보며
한자리에 앉아서
감사예배를 드렸으니
얼마나 아름다운지

할아버지로부터 암송하라는
말씀의 구절을 듣고
마음에 새겨들었는지
그들의 표정들은 밝아 있었다

변화된
오늘의 결과에
기뻐하시리라 믿으며
복의 근원이 되라고
기도드렸으니

살아가는 과정은
형편에 따라 다르지만

그 하나의 소망만은
변함없이 엮어져 있었으니

그래서
가정마다
축복의 통로가 되어
사랑을 나누리라 믿어본다

평생 함께 사는 사람의 덧글

아내의 열두 번째 시집에 붙여

해마다 늦봄과 늦가을이 되면, 아내와 나는 단둘이서 함께 가는 곳이 있다. 내 어머니와 아내의 부모님을 인접한 곳에 모신 서울공원묘원이다. 우리는 먼저 어머니 산소로 올라간다. 묘소를 손질하고 잡초를 뽑아내며, 산소 주변을 울창하게 장식하고 있는 향나무들을 손질한 다음, 나는 어머니를 위해 아내와 함께 머리 숙여 하나님께 간절히 기도드린다.

오늘의 이야기는 여기서부터 시작된다. 우리는 즉시 아내의 부모님을 모시고 있는 조금 떨어진 곳으로 향한다. 나는 새벽마다 4-6킬로미터를 걷고 있기에 웬만큼 높은 곳은 숨을 헐떡이지 않고 오르는 데 비하여, 아내는 해가 갈수록 힘들어 한다. 이러다가 몇 년 더 지나면, 아내는 부모님 산소에 찾아가기가 힘들겠다는 마음이 들기도 한다.

역시 빙장 빙모를 합장한 산소에 가도, 묘소 주변 손질과 잡초 제하기부터 한다. 아내는 서울에서 대학을 다니며 방학 때 아르바이트를 하느라 부모님이 계신 고향집에 내려가지 못하다가 어느 해 큰맘 먹고 갔다고 한다. 귀경에 앞서 가정예배를 드릴 때 예배를 인도하신 아버지께서는 당신이 곧 돌아가실 것을 예감하셨던 것일까, 그 많은 찬송가 중에서 하필이면 〈우리 다시 만날 때까지〉를 함께 불렀단다. 산소 뜨락 풀밭에 앉아 아버지를 기리는 맘으로 아내는 그 찬송가부터 조용히 부르기 시작한다.

우리 다시 만날 때까지 하나님이 함께 계셔
훈계로써 인도하며 도와주시기를 바라네

(후렴)
다시 만날 때 다시 만날 때 예수 앞에 만날 때
다시 만날 때 다시 만날 때 그때까지 계심 바라네

우리 다시 만날 때까지 하나님이 함께 계셔
간 데마다 보호하며 양식 주시기를 바라네

우리 다시 만날 때까지 하나님이 함께 계셔
위태한 일 면케 하고 품어주시기를 바라네

우리 다시 만날 때까지 하나님이 함께 계셔
사망 권세 이기도록 지켜주시기를 바라네

아버지와 함께 불렀던 기억과 그리움으로 아내의 눈물이 상기된 얼굴을 적신다. 이어서 어머니가 평소에 즐겨 부르시던 찬송가 〈주 안에 있는 나에게〉를 부르고, 자신이 여학교 시절 친구 집에서 들려오는 풍금 소리에 이끌리어 예수를 믿게 되었다는 찬송가 〈예수 나를 오라 하네〉를 소리 높여 부른다.

예수 나를 오라 하네 예수 나를 오라 하네
어디든지 주를 따라 주와 같이 같이 가려네

(후렴)
주의 인도하심 따라 주의 인도하심 따라
어디든지 주를 따라 주와 같이 같이 가려네

겟세마네 동산까지 주와 함께 가려네
피땀 흘린 동산까지 주와 함께 함께 가려네

심판하실 자리까지 주와 함께 가려 하네
심판하실 자리까지 주와 함께 함께 가려네

주가 크신 은혜 내려 나를 항상 돌아보고
많은 영광 보여주며 나와 함께 함께 가시네

이쯤 되면 아내의 하이소프라노 찬송으로 고요하던 묘원이 쩌렁쩌렁 울린다. 여중고, 대학 시절에 뵈었던 아버지 어머니 생각과 그리움에 더하여, 어언간 아내 역시 팔순을 바라보게 되었으니, 얼마나 많은 생각들이 떠오르랴.

이건 아내와 나만의 일급비밀이지만 이참에 털어놓아야겠다. 아내는 일찍이 여고 교장선생님이 되리라는 꿈을 품고, 어려운 환경에서 아버지의 만류를 거역하면서 혼자 서울에 올라와 가정교사로 대학까지 나왔으며, 그 당시에 아주 귀했던 고등학교 정교사 자격증까지 따냈다. 그랬으면서도 가난한 집에 시집 와서 그 꿈을 이루지 못했다. 실은 첫아들을 낳은 후에도 대학원 진학 원서까지 받아놓고 끝내 체념하고 말았다.

이런 사람이니, 만년에 부모님의 산소에서 느끼는 심정이 얼마나 복잡하랴. 〈산속에서 찬송을〉의 첫 스탠자만 읽어도 감이 온다.

하늘에서
들으시라고
소리를 높여
지극한 마음을 담아
올려보내고 있었다

한편, 나는 하늘이 좋아서 산소 잔디밭에 벌렁 누워 파란 창공을 바라본다. 아내의 찬송 속에 녹아 있는 그 온갖 슬픔, 아픔, 인생무상 그리고 날마다 부지런히 시를 쓰는 심령과 부모님 사랑, 하나님 사랑의 지극한 마음을 읽으며, 그토록 억세고 부지런하게, 올곧고 경건하게, 헌신적인 자녀사랑으로 살아온 아내가 오늘따라 더 안쓰럽고 미안하게, 고맙고 정겹게, 천진스럽게 느껴져 묵묵히 하늘을 향해 살짝 미소 짓는 자신을 발견한다.

2010년 9월 학산

흘려보낸 그 하나

초판 1쇄 발행　2010년 9월 13일

지은이　배정희

펴낸이　여진구
편집국장　김응국
기획·홍보　이한민
책임편집　박민희
편집 1팀　안수경, 손유진, 강민정, 이영주
편집 2팀　김아진, 최지설
책임디자인　이혜영, 전보영 | 이유아, 정해림
해외저작권　최영오
마케팅　김상순, 강성민, 허병용, 이기쁨
마케팅지원　손동성, 최영배, 최태형
제작　조영석, 정도봉
경영지원　김혜경, 김경희

이슬비전도학교　엄취선, 전우순, 최경식
303비전성경암송학교　박정숙, 이지혜, 정나영
303비전장학회 & 303비전꿈나무장학회　여운학

펴낸곳　규장

주소　137-893 서울시 서초구 양재2동 205 규장선교센터
전화　578-0003　팩스　578-7332　이메일　kyujang@kyujang.com
홈페이지　www.kyujang.com　트위터　twitter.com/_kyujang
등록일　1978.8.14. 제1-22

책값　뒤표지에 있습니다.
ISBN　978-89-6097-178-3　03230

규 | 장 | 수 | 칙

1. 기도로 기획하고 기도로 제작한다.
2. 오직 그리스도의 성품을 사모하는 독자가 원하고 필요로 하는 책만을 출판한다.
3. 한 활자 한 문장에 온 정성을 쏟는다.
4. 성실과 정확을 생명으로 삼고 일한다.
5. 긍정적이며 적극적인 신앙과 신행일치에의 안내자의 사명을 다한다.
6. 충고와 조언을 항상 감사로 경청한다.
7. 지상목표는 문서선교에 있다.

하나님을 사랑하는 자 곧 그의 뜻대로 부르심을 입은 자들에게는 모든 것이 合力하여 善을 이루느니라(롬 8:28)

규장은 문서를 통해 복음전파와 신앙교육에 주력하는 국제적 출판사들의 협의체인 복음주의출판협회(E.C.P.A:Evangelical Christian Publishers Association)의 출판정신에 동참하는 회원(Associate Member)입니다.